This Book Belongs to

____

____

____

Happy
Writing

Aa

Aa Aa Aa Aa
Aa Aa Aa Aa

Alligator Airplane

B b

Bb   Bb   Bb   Bb

Bb   Bb   Bb   Bb

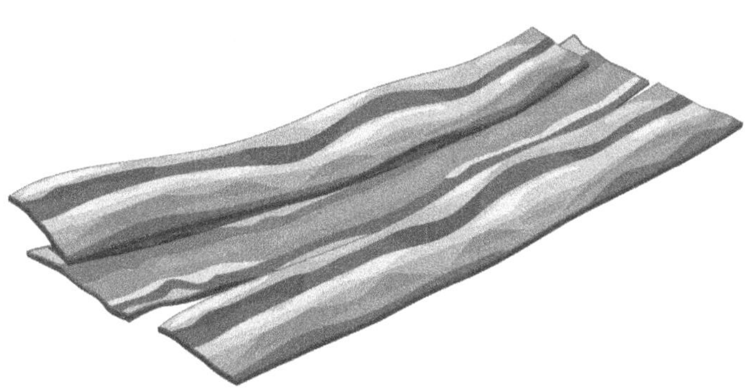

Banana   Bacon

Bb   Bb   Bb   Bb

Bb   Bb   Bb   Bb

Bb   Bb   Bb   Bb

Bb   Bb   Bb   Bb

Bb   Bb   Bb   Bb

Bb   Bb   Bb   Bb

Bb   Bb   Bb   Bb

Bb   Bb   Bb   Bb

Bb   Bb   Bb   Bb
Bb   Bb   Bb   Bb

Bb   Bb   Bb   Bb
Bb   Bb   Bb   Bb

Bb   Bb   Bb   Bb
Bb   Bb   Bb   Bb

Bb   Bb   Bb   Bb
Bb   Bb   Bb   Bb

Cc

Cc Cc Cc Cc

Cc Cc Cc Cc

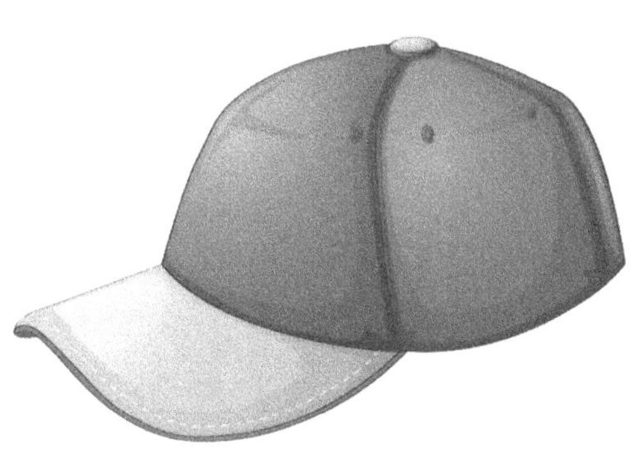

Carrot Cap

Oc   Oc   Oc   Oc

Oc   Oc   Oc   Oc

Oc   Oc   Oc   Oc

Oc   Oc   Oc   Oc

Oc   Oc   Oc   Oc

Oc   Oc   Oc   Oc

Oc   Oc   Oc   Oc

Oc   Oc   Oc   Oc

Oo Oo Oo Oo

Oo Oo Oo Oo

Oo Oo Oo Oo

Oo Oo Oo Oo

Oo Oo Oo Oo

Oo Oo Oo Oo

Oo Oo Oo Oo

Oo Oo Oo Oo

Dd

Dd Dd Dd Dd

Dd Dd Dd Dd

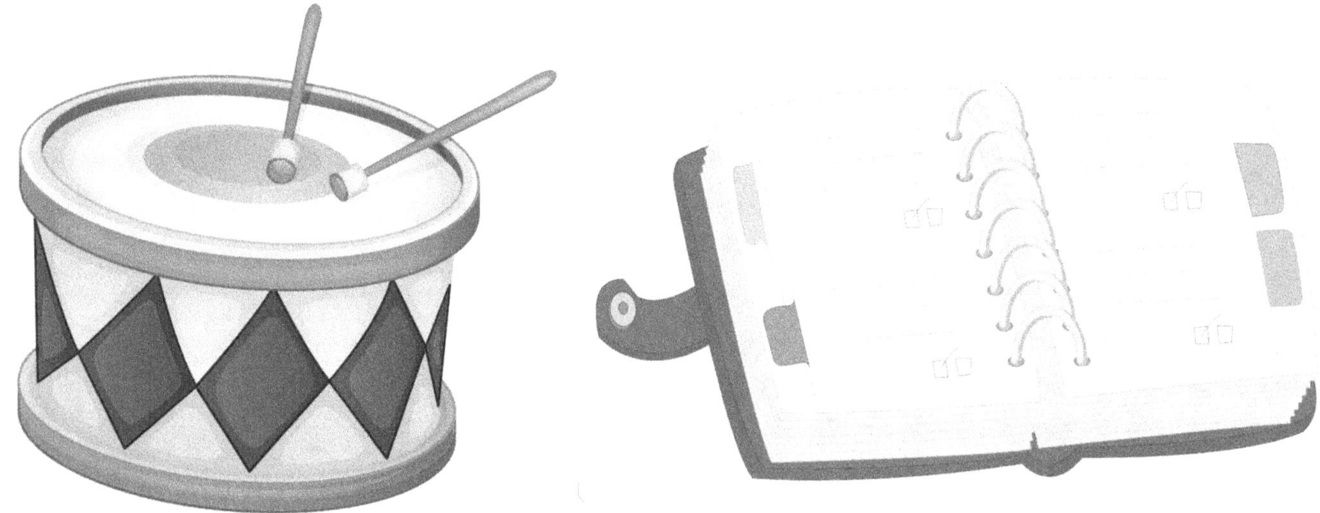

Drum Diary

Da Da Da Da

Da Da Da Da

Da Da Da Da

Da Da Da Da

Da Da Da Da

Da Da Da Da

Da Da Da Da

Da Da Da Da

Da   Da   Da   Da

Da   Da   Da   Da

Da   Da   Da   Da

Da   Da   Da   Da

Da   Da   Da   Da

Da   Da   Da   Da

Da   Da   Da   Da

Da   Da   Da   Da

Ee

Ee Ee Ee Ee
Ee Ee Ee Ee

Email Eight

Fe   Fe   Fe   Fe

Fe   Fe   Fe   Fe

Fe   Fe   Fe   Fe

Fe   Fe   Fe   Fe

Fe   Fe   Fe   Fe

Fe   Fe   Fe   Fe

Fe   Fe   Fe   Fe

Fe   Fe   Fe   Fe

Fe Fe Fe Fe

Fe Fe Fe Fe

Fe Fe Fe Fe

Fe Fe Fe Fe

Fe Fe Fe Fe

Fe Fe Fe Fe

Fe Fe Fe Fe

Fe Fe Fe Fe

Ff

Ff Ff Ff Ff Ff Ff

Ff Ff Ff Ff Ff Ff

Fire

Fork

Ff Ff Ff Ff

Ff Ff Ff Ff

Ff Ff Ff Ff

Ff Ff Ff Ff

Ff Ff Ff Ff

Ff Ff Ff Ff

Ff Ff Ff Ff

Ff Ff Ff Ff

Ff Ff Ff Ff
Ff Ff Ff Ff
Ff Ff Ff Ff
Ff Ff Ff Ff
Ff Ff Ff Ff
Ff Ff Ff Ff
Ff Ff Ff Ff
Ff Ff Ff Ff

Gg

Gg Gg Gg Gg
Gg Gg Gg Gg

Grass   Glass

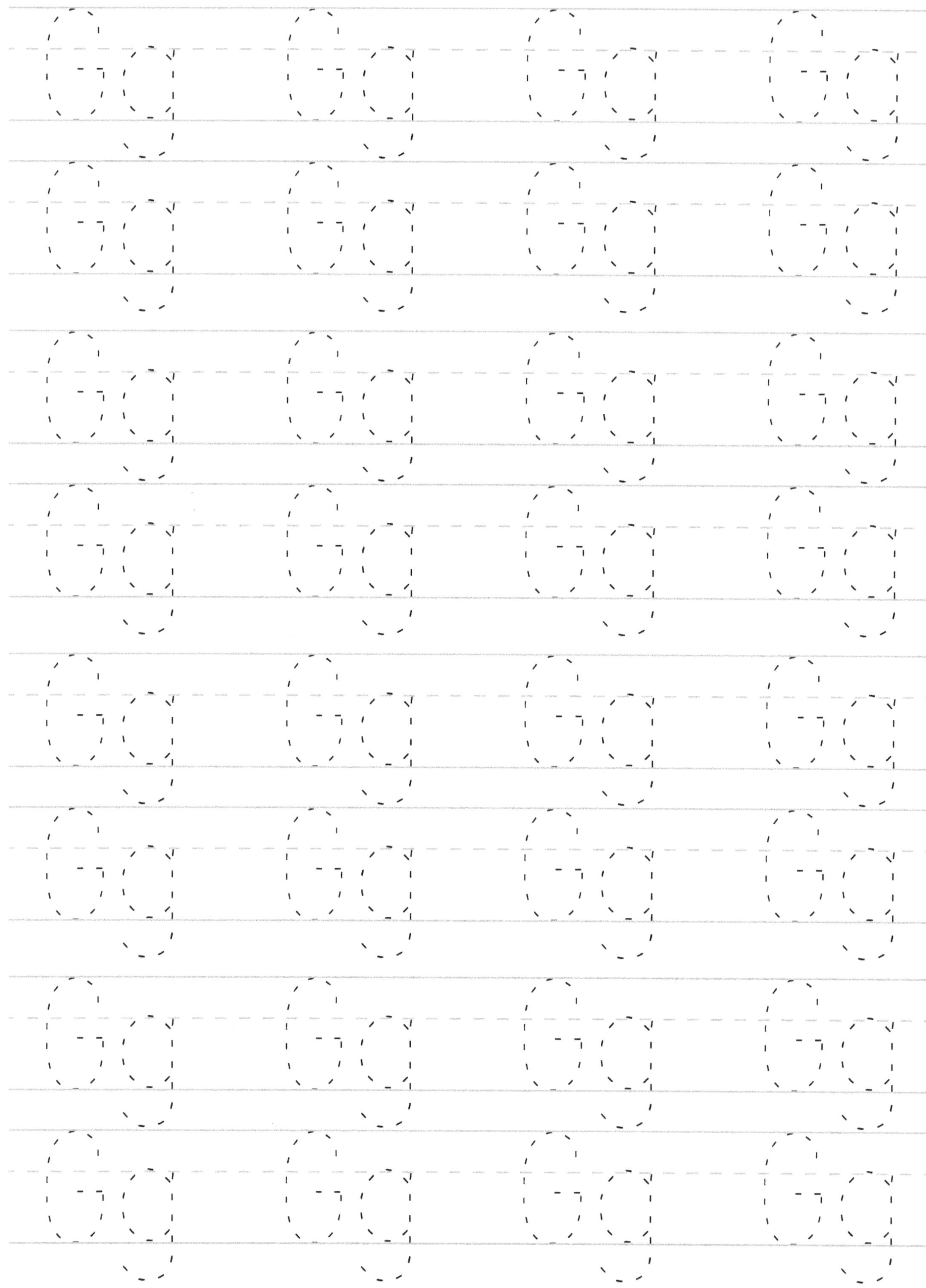

Gg Gg Gg Gg

Gg Gg Gg Gg

Gg Gg Gg Gg

Gg Gg Gg Gg

Gg Gg Gg Gg

Gg Gg Gg Gg

Gg Gg Gg Gg

Gg Gg Gg Gg

Hh

hippopotamus   hook

Hh Hh Hh Hh

Hh Hh Hh Hh

Hh Hh Hh Hh

Hh Hh Hh Hh

Hh Hh Hh Hh

Hh Hh Hh Hh

Hh Hh Hh Hh

Hh Hh Hh Hh

Hh Hh Hh Hh

Hh Hh Hh Hh

Hh Hh Hh Hh

Hh Hh Hh Hh

Hh Hh Hh Hh

Hh Hh Hh Hh

Hh Hh Hh Hh

Hh Hh Hh Hh

Ii

island ink

Jj

J j J j J j J j

J j J j J j J j

Juice   Jelly fish   Jam

Kk

Kk Kk Kk Kk Kk

Kk Kk Kk Kk

Koi Kangaroo

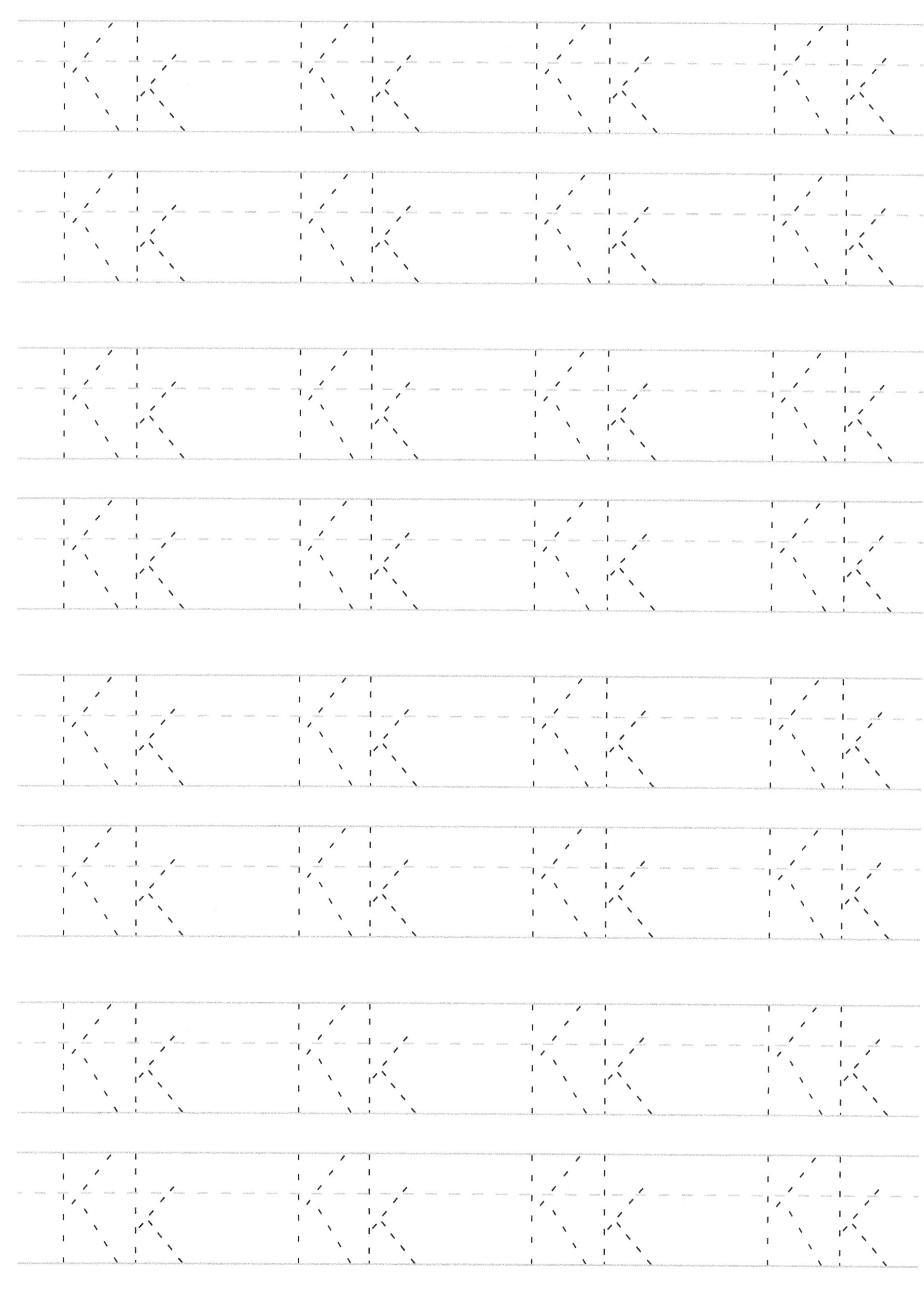

L l

Mm

Mm Mm Mm Mm

Mm Mm Mm Mm

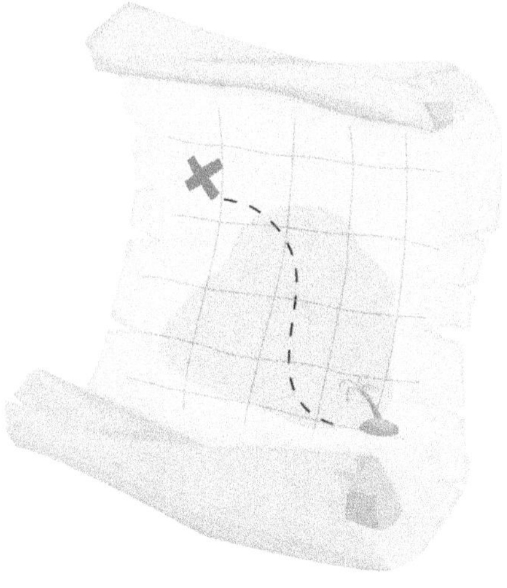

Map   Mushroom

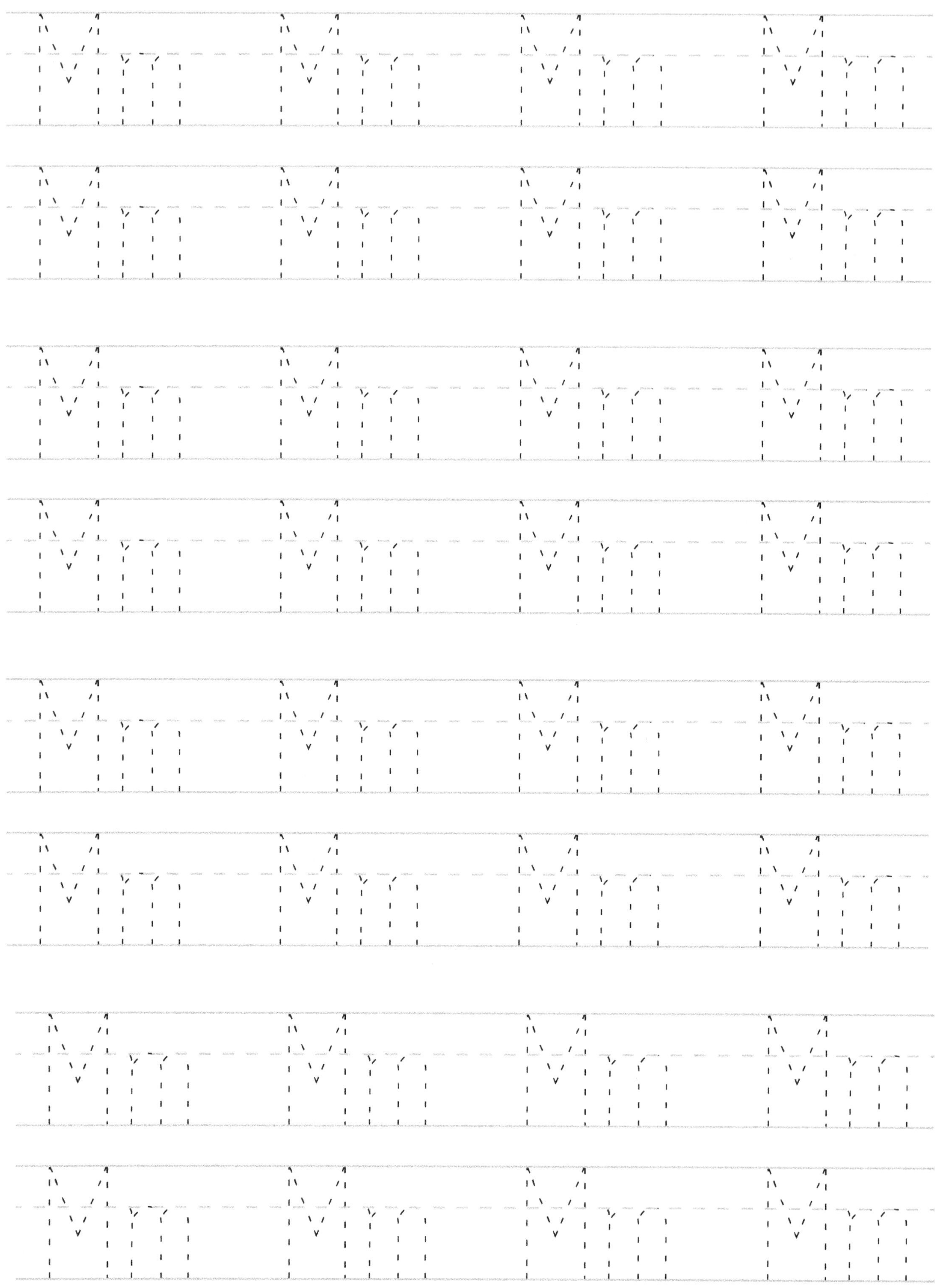

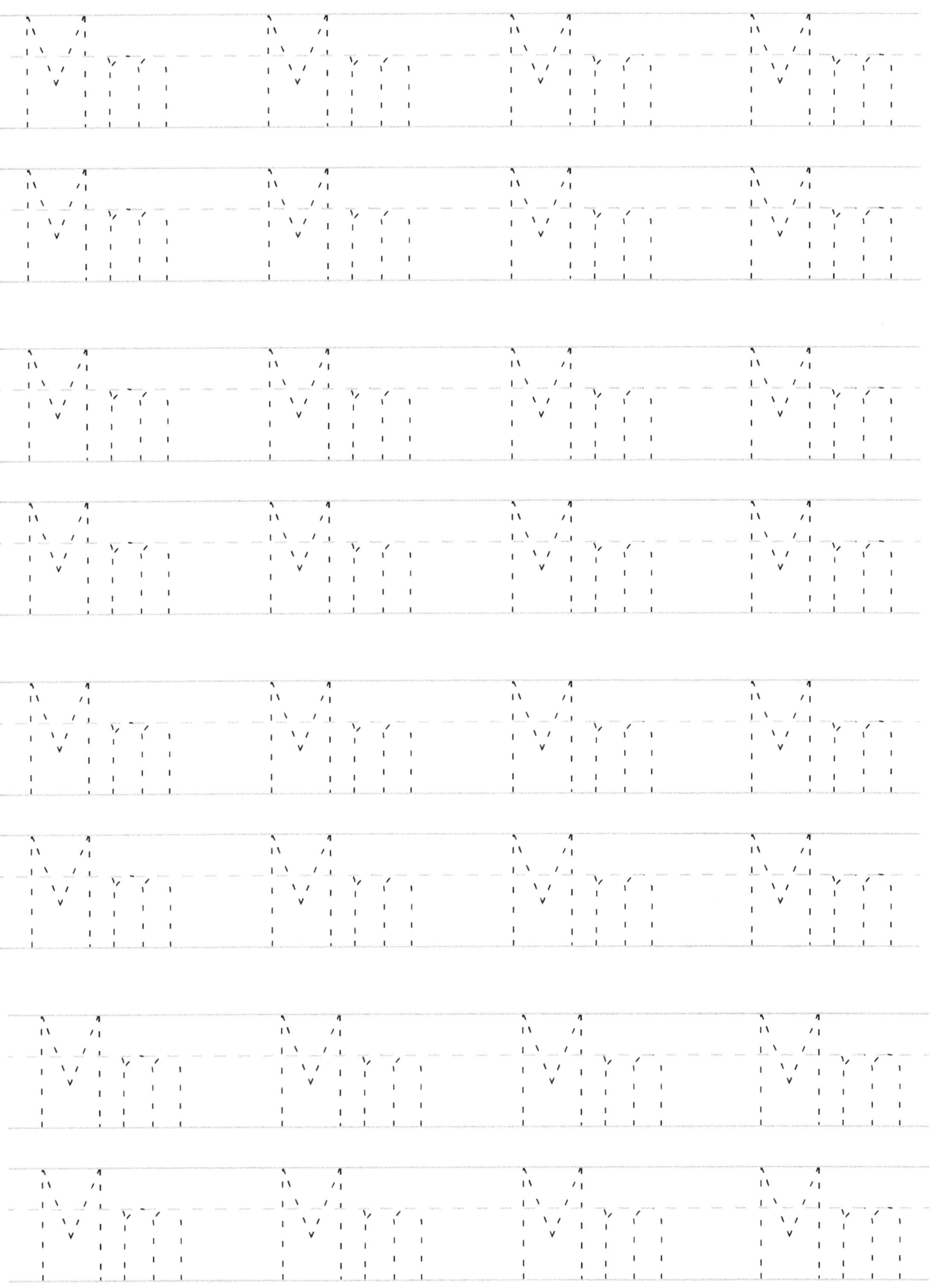

Nn

Nn Nn Nn Nn

Nn Nn Nn Nn

Notebook Note

Nn   Nn   Nn   Nn

Nn   Nn   Nn   Nn

Nn   Nn   Nn   Nn

Nn   Nn   Nn   Nn

Nn   Nn   Nn   Nn

Nn   Nn   Nn   Nn

Nn   Nn   Nn   Nn

Nn   Nn   Nn   Nn

Nn Nn Nn Nn

Nn Nn Nn Nn

Nn Nn Nn Nn

Nn Nn Nn Nn

Nn Nn Nn Nn

Nn Nn Nn Nn

Nn Nn Nn Nn

Nn Nn Nn Nn

Oo Oo Oo Oo
Oo Oo Oo Oo
Owl
Oboe

Oo Oo Oo Oo

Oo Oo Oo Oo

Oo Oo Oo Oo

Oo Oo Oo Oo

Oo Oo Oo Oo

Oo Oo Oo Oo

Oo Oo Oo Oo

Oo Oo Oo Oo

P p

Pp Pp Pp Pp

Pp Pp Pp Pp

Popcorn Pelican

Bb Bb Bb Bb

Bb Bb Bb Bb

Bb Bb Bb Bb

Bb Bb Bb Bb

Bb Bb Bb Bb

Bb Bb Bb Bb

Bb Bb Bb Bb

Bb Bb Bb Bb

Qq

Qq Qq Qq Qq
Qq Qq Qq Qq

quadrilateral   quilt

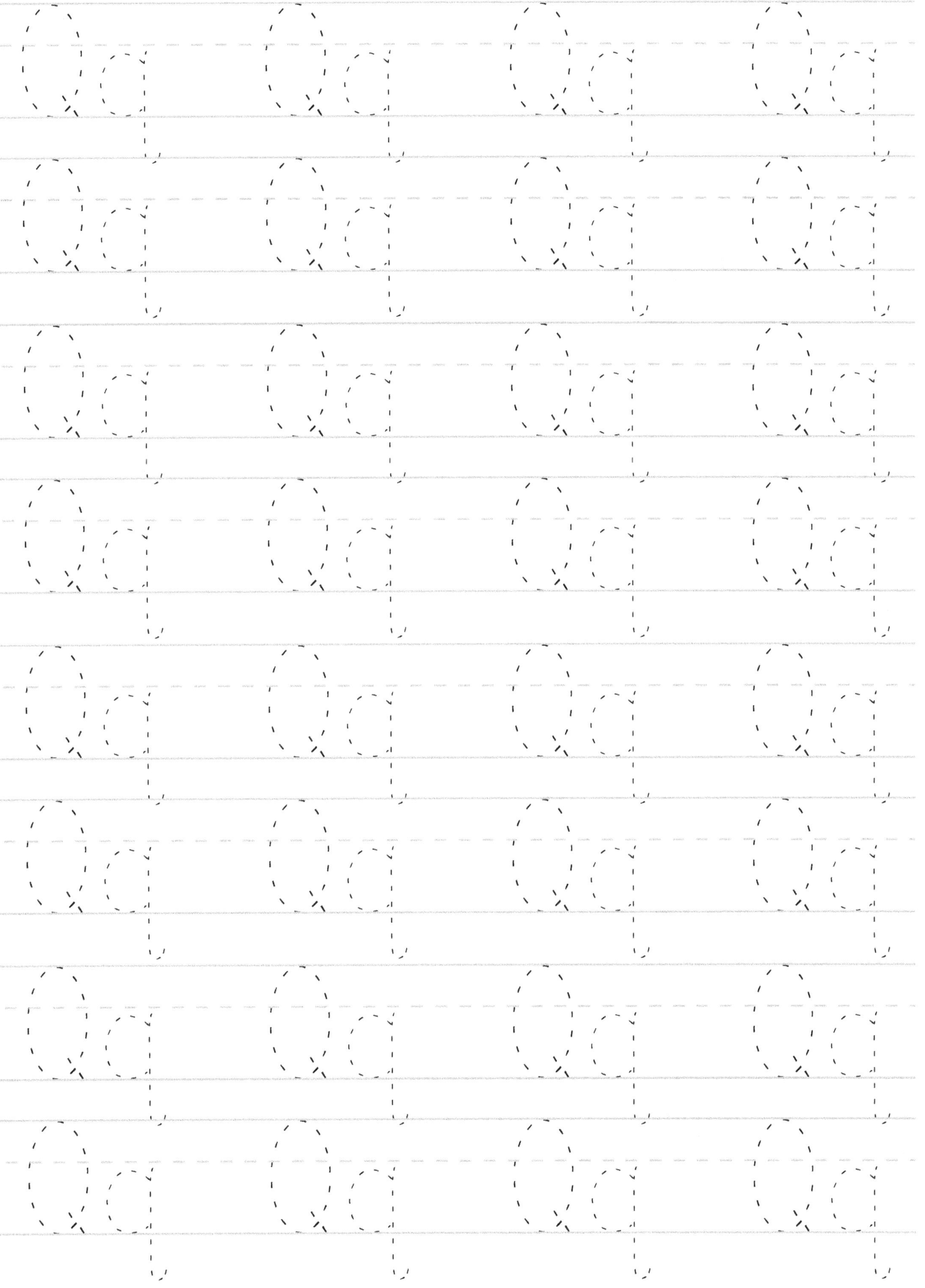

R r

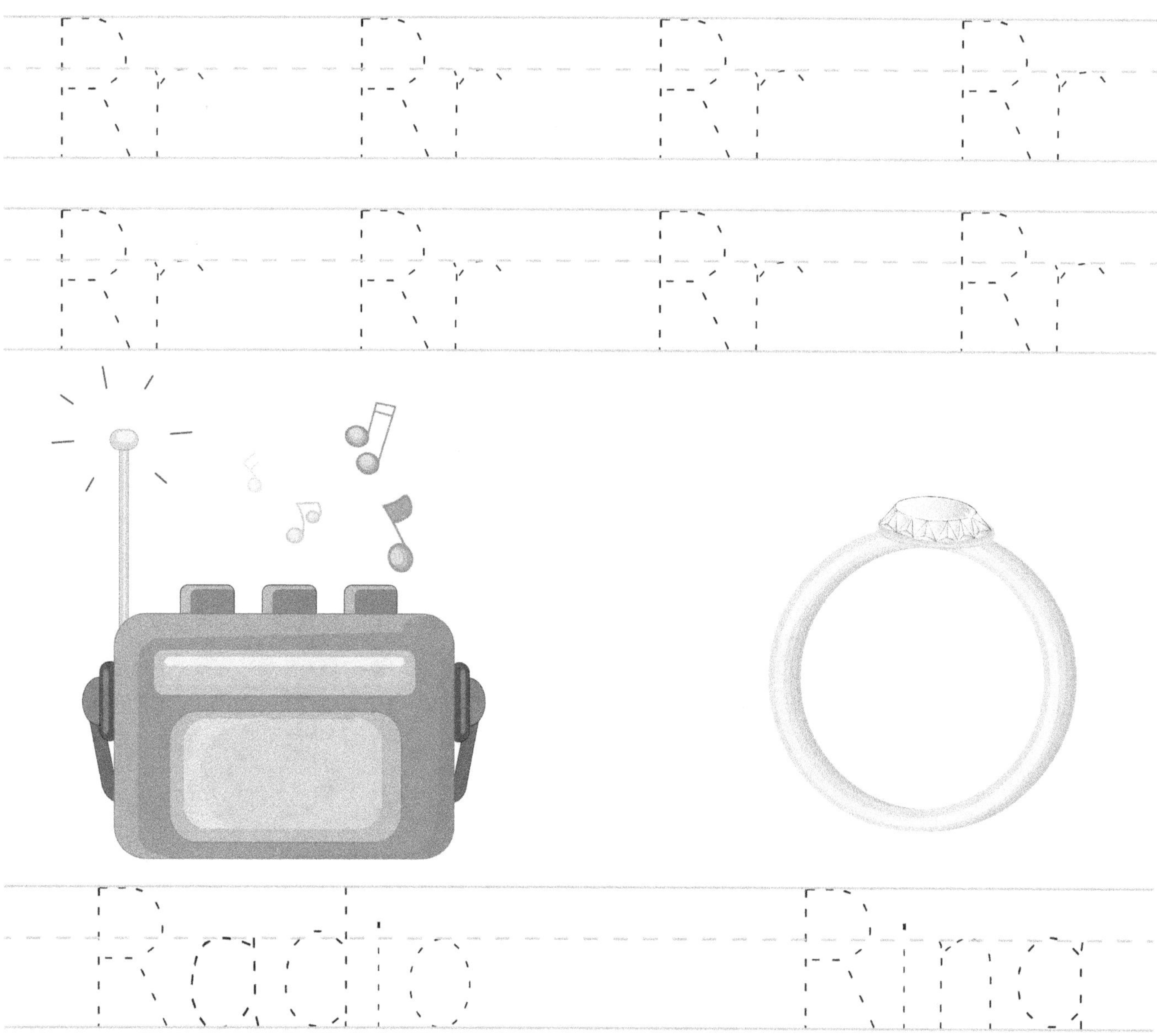

Rr Rr Rr Rr

Rr Rr Rr Rr

Radio

Ring

Rr   Rr   Rr   Rr

Rr   Rr   Rr   Rr

Rr   Rr   Rr   Rr

Rr   Rr   Rr   Rr

Rr   Rr   Rr   Rr

Rr   Rr   Rr   Rr

Rr   Rr   Rr   Rr

Rr   Rr   Rr   Rr

R r   R r   R r   R r

R r   R r   R r   R r

R r   R r   R r   R r

R r   R r   R r   R r

R r   R r   R r   R r

R r   R r   R r   R r

R r   R r   R r   R r

R r   R r   R r   R r

S s

Ss Ss Ss Ss

Ss Ss Ss Ss

Snowflake Saw

S s   S s   S s   S s

S s   S s   S s   S s

S s   S s   S s   S s

S s   S s   S s   S s

S s   S s   S s   S s

S s   S s   S s   S s

S s   S s   S s   S s

S s   S s   S s   S s

Ss Ss Ss Ss

Ss Ss Ss Ss

Ss Ss Ss Ss

Ss Ss Ss Ss

Ss Ss Ss Ss

Ss Ss Ss Ss

Ss Ss Ss Ss

Ss Ss Ss Ss

Tt

Tomato   Toy

I I I I

I I I I

I I I I

I I I I

I I I I

I I I I

I I I I

I I I I

U u

Uu Uu Uu Uu Uu

Uu Uu Uu Uu Uu

Ukulele   Uooa

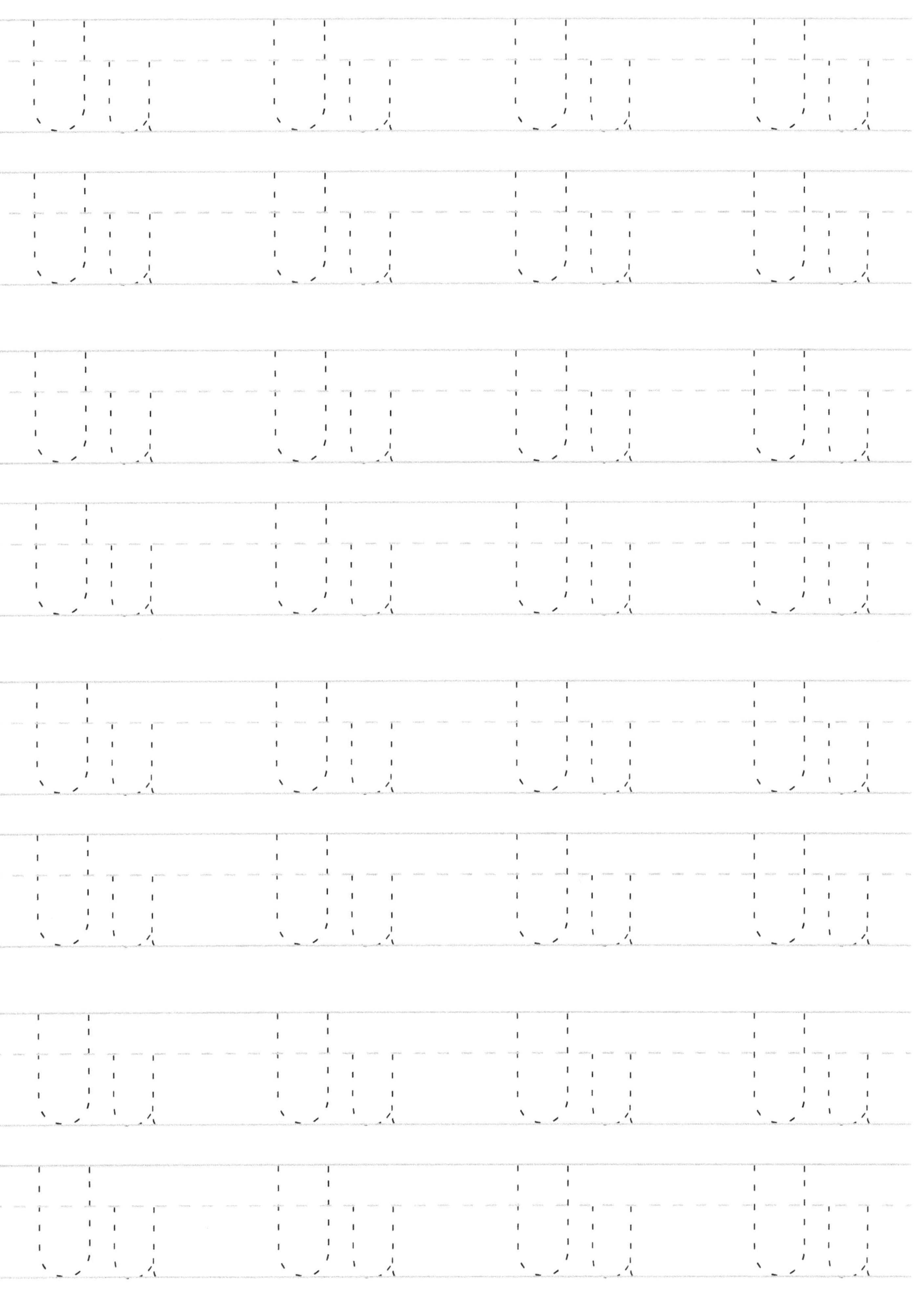

V v

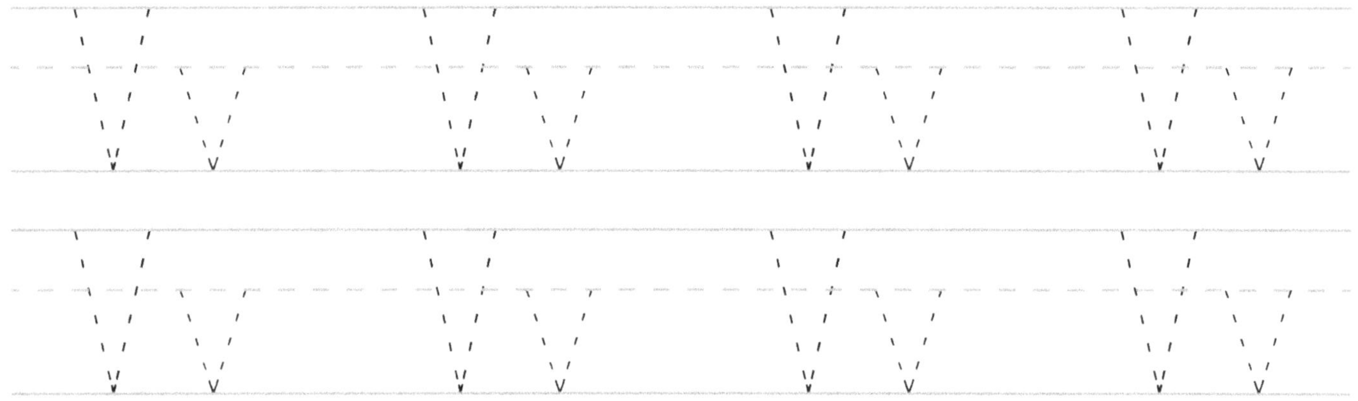

vegetable   van

W w

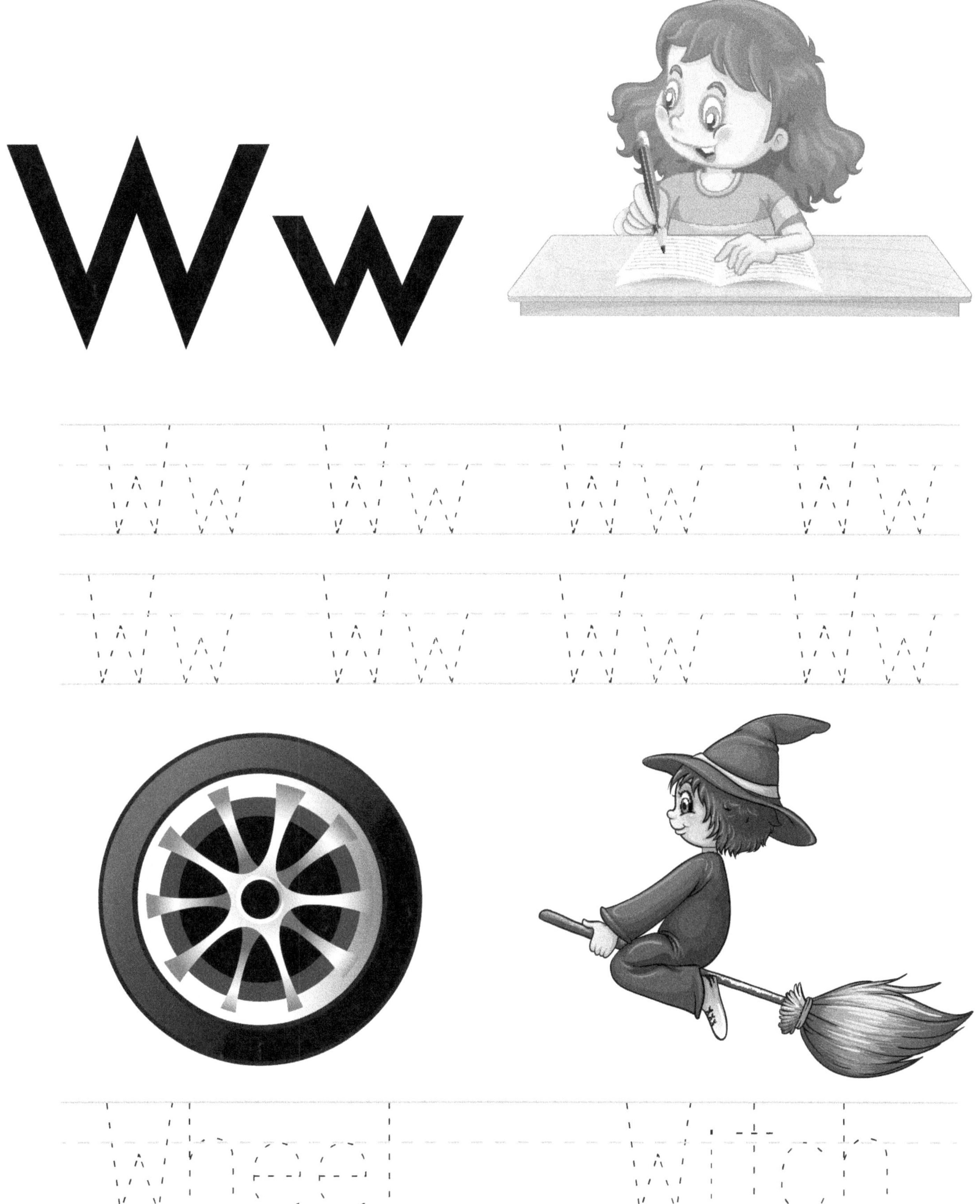

X x

Xx Xx Xx Xx Xx Xx

Xx Xx Xx Xx Xx Xx

Xmas   Xenops

Yy

Yy Yy Yy Yy Yy Yy

Yy Yy Yy Yy Yy Yy Yy

Yen   Yogurt

Zz

zero   zebra